AF360016

LA SERENADE.

COMEDIE.

A PARIS,

Chez THOMAS GUILLAIN, à
la descente du Pont-Neuf, prés les
Augustins, à l'Image S. Loüis.

M. DC. XCV.

Avec Privilege du Roy.

Extrait du Privilege du Roy.

PAR Grace & Privilege du Roy, donné à Paris le trentiéme jour de Janvier 1693. Signé, Par le Roy en son Conseil, GAMART. Il est permis à THOMAS GUILLAIN de faire imprimer vendre & debiter les Oevres de Theatre du Sieur P**. pendant le temps de six années, à compter du jour qu'elles seront imprimées pour la premiere fois, pendant lequel temps tres-expresses inhibitions & défenses à toutes personnes de quelque qualité & condition qu'elles soient, de faire imprimer, vendre ny debiter lesdites Pieces de Theâtre d'autre Edition que celle de l'exposant, ou de ceux qui auront droit de lui, à peine de trois mil livres d'amende, payable sans déports par chacun des contrevenans, de confiscation des Exemplaires contrefaits, & de tous dépens, dommages & interests, & autres peines portées plus au long par lesdites Lettres de Privilege.

Registré sur le Livre de la Communauté des Imprimeurs & Libraires de la ville de Paris, le 4. d'Avril 1693.

Signé P. AUBOUYN, *Syndic.*

Achevé d'imprimer pour la premiere fois, le 23. Decembre 1694.

ACTEURS.

Mr GRIFON,   Pere de Valere.

VALERE,   Amant de Leonore.

Mad. ARGANTE, Mere de Leonore.

LEONORE.

Mr MATHIEU.

SCAPIN,   Valet de Valere.

MARINE, Servante de Mad. Argante.

CHAMPAGNE, Valet de Mr Mathieu.

MUSICIENS & DANSEURS.

LA

LA
SERENADE,
COMEDIE.

SCENE PREMIERE.

Mr MATHIEU, MARINE.

MARINE.

E vous dis encor une fois que Madame n'eſt pas au logis, & qu'il faut que vous reveniez ſi vous voulez luy parler.

Mr MATHIEU.

A la bonne heure, je reviendray. Cependant Marine, dis-luy que j'ay vendu un colier à la perſonne qui doit épouſer

A

Mademoiselle sa fille.

MARINE.

Je voudrois , Monsieur Mathieu , que vous fussiez étranglé par voftre gorge , avec voftre diantre de colier. C'eft donc vous qui vous eftes meflé de cette affaire ? ne devriez-vous pas fonger que les mariages legitimes ne font point de voftre competence. Un courtier d'ufure , comme vous , ne doit s'intriguer que d'affaires de contrebande , & laiffer les honneftes filles en repos.

Mr MATHIEU.

A Dieu ne plaife , ma pauvre Marine , qu'on voye jamais aucun vray mariage de ma façon. Je ne fais point faire de marché à vie , c'eft un métier trop perilleux. Une fille eft une marchandife qu'on ne fçauroit garantir , & l'on n'en a pas plutoft fait l'emplette , qu'on voudroit en eftre défait a moitié de perte.

MARINE.

Ouy , mais ceux qui font des mariages ne s'embaraffent guere du fuccés;& quand ils ont receu leur pot de vin , & que le poiffon eft dans la naffe , fauve qui peut. Vous connoiffez du moins l'homme qu'on luy deftine , puifque vous luy avez vendu un colier.

Mr MATHIEU.

Je vay le luy livrer , & en recevoir de
l'argent.

MARINE.

Ce n'eſt pas là ce que je demande , quel
homme eſt-ce ?

Mr MATHIEU.

C'eſt un fort honneſte homme , fort riche , fort vieux , & fort goureux.

MARINE.

Que la peſte te créve.

Mr MATHIEU.

Sa figure n'eſt peut-eſtre pas des plus
ragoutantes ; mais comme vous ſçavez entre l'utile & l'agreable , il n'y a pas à ba-
lancer.

MARINE.

Ouy pour des ladres comme vous , qui
ne connoiſſent d'autre bon-heur que celuy
d'amaſſer du bien , & de faire travailler
leur argent à gros , & tres gros intereſt :
mais pour une jeune perſonne , comme
Leonore , qui cherche à paſſer ſes jours
dans le plaiſir , vous trouverez bon , s'il
vous plaiſt , vous & Madame ſa mere ,
qu'elle préfere l'agreable à l'utile , & que
moy de mon coſté je faſſe tout mon poſſi-
ble pour rompre un mariage auſſi biſcornu
que celuy-là.

A ij

Mr MATHIEU.

Helas ma pauvre enfant, romps, casse, brise le mariage en mille pieces, je m'en soucie comme de cela. Je t'aideray mesme en cas de besoin, pourveu que tu me fasses payer de mes peines un peu grassement.

MARINE.

Un peu grassement ! Eh mort de ma vie n'estes-vous pas déja assez gras ? allez, vous devriez mourir de honte d'avoir une face qui a pour le moins deux aunes de tour.

Mr MATHIEU.

Marine est toujours railleuse ; mais je ne songe pas que mon homme m'attend. Il veut donner tantost une Serenade à sa Maîtresse, Musiciens & fille de chambre ont volontiers commerce ensemble, n'y en a-t'il point quelqu'un de tes amis a qui tu voulus faire gagner cet argent là ?

MARINE.

Qu'il aille au diable avec sa Serenade. Je vay songer à luy donner l'aubade moy.

Mr MATHIEU.

Ce mariage te met de mauvaise humeur. Je voudrois bien rester plus long-temps avec toy, je ne m'y ennuye jamais.

MARINE.

Et moy je m'y ennuye toujours.

Mr MATHIEU.

Adieu.

MARINE *seule*.

Je prie le Ciel qu'il te conduise, & que tu te puisse casser le cou. Il n'y auroit pas grand mal quand tous ces maquignons de mariages là seroient au fond de la riviere avec une bonne pierre au cou. Que je plains le pauvre Valere, il ne sçait pas son malheur. J'ay une lettre à luy rendre de la part de ma maîtresse. Voicy son valet à propos.

SCENE II.

SCAPIN, MARINE.

SCAPIN.

BOn jour ma charmante.

MARINE.

Bon jour mon adorable.

SCAPIN.

Comment se porte ta Maîtresse,

MARINE.

Mal.

SCAPIN.

Il y a toujours quelque chose à refaire aux filles.

MARINE.

Et ton Maître?

SCAPIN.

Il se porteroit assez bien s'il avoit un peu plus d'argent.

MARINE.

Je n'ay jamais connu un Gentilhomme plus gueux que celuy-là.

SCAPIN.

Monsieur Grifon, son pere, est bien riche, mais il est bien ladre.

MARINE.

Nous nous en apercevons.

SCAPIN.

Tel que tu me vois, je sers mon Maître sans gages & *incognito*.

MARINE.

Comment *incognito*?

SCAPIN.

Ouy, Monsieur Grifon ne sçait pas que son fils a l'honneur d'estre à moy, il ne me connoist pas mesme, je loge en ville, & je vis d'emprunt.

MARINE.

Tu fais souvent mauvaise chere.

SCAPIN.

Affez. Cela n'empefche pas que je ne nourriffe quelquefois mon Maître quand il eft mal avec fon Pere.

MARINE.

Voila un beau ménage.

SCAPIN.

Hé dis moi un peu.

MARINE.

Je n'ay rien à te dire. Tien, rends cette lettre là à ton maître,

SCAPIN.

Comme tu fais Marine, regarde-moy un peu.

MARINE.

Hé bien que me veux-tu?

SCAPIN.

Vous plairoit-il feulement, ô beauté Leoparde! me dire le contenu de cette lettre.

MARINE.

Je n'ay pas le temps.

SCAPIN.

Tu me romps fi fouvent la tefte de ton babil, quand je te prie de ne dire mot.

MARINE.

J'aime à faire le contraire de ce qu'on fouhaite.

SCAPIN.

Le beau naturel ! je te prie donc de té
taire Marine, c'est le moyen de te faire
parler.

MARINE.

Je parleray s'il me plaist.

SCAPIN.

Et tant qu'il te plaira.

MARINE.

Et me tairay si je veux.

SCAPIN.

Dis si tu peux mon enfant cela est diffi-
cile.

MARINE.

Mais voyez cet animal qui veut m'empê-
cher de parler.

SCAPIN.

Je n'ay garde.

MARINE.

Voila encore un plaisant visage pour
fermer la bouche à une femme.

SCAPIN.

Fort bien.

MARINE.

Ny toy, ny ton pere, ny ta mere, ny
toute ta peste de generation ne me feroit
pas rabattre une sillabe.

SCAPIN.

Qu'elle est agreable,

MARINE.

Quand on parle bien on ne parle jamais trop.

SCAPIN.

Tu ne devrois pas parler fouvent.

MARINE.

Va, va, quand je feray morte je me tairay affez.

SCAPIN.

Jamais tant que tu auras parlé.

MARINE.

Tu voudrois donc fçavoir le contenu de la lettre.

SCAPIN,

Moy, point du tout, je ne veux rien fçavoir.

MARINE & SCAPIN *parlent enfemble.*

MARINE.

Oh tu fçauras pourtant malgré que tu en ayes, que ma maîtreffe fe marie aujourd'huy avec un homme qu'elle n'a jamais veu, que fa mere a terminé l'affaire, qu'elle prie Valere.... Que la pefte te créve, adieu.

SCAPIN.

Oh tu auras menti, & il ne fera pas dit que tu me feras entendre malgré moy. Je ne veux rien fçavoir, laiffe-moy en

repos, garde tes nouvelles pour un autre.
Le diable puisse t'étrangler, adieu.

SCENE III.

SCAPIN *seul.*

PAr ma foy c'est une charmante chose
qu'une femme ! quelle docilité d'es-
prit ? quelle complaisance ? Voila une des
plus raisonnables que je connoisse. Mais
je m'amuse icy, & je dois aller prompte-
ment porter cette lettre à mon maître,
car il est diablement amoureux, qui dit
amoureux, dit impatient, & qui dit impatient, supose un homme qui a plûtôt donné un coup de pied au cul que le bon jour;
mais le voila.

SCENE IV.

VALERE, SCAPIN.

VALERE.

HE' bien Scapin, aprens-moy des nouvelles de Leonore, l'as-tu veuë ? que t'a dit Marine ?

SCAPIN.

Marine rien du tout. C'est une fille dont on ne sçauroit tirer une parole.

VALERE.

Marine ne t'a rien dit, & elle qui parle tant.

SCAPIN.

C'est justement ce qui fait qu'elle ne dit rien ; mais tout ce que j'ay pû comprendre de la volubilité de son discours, c'est qu'il faut renoncer à Leonore ; & le pis que j'y trouve, c'est que nous n'avons pas un sou pour nous en consoler.

VALERE.

Quoy, que dis-tu ? parle, explique-toy. Renoncer à Leonore.

SCAPIN.

Ouy Monſieur.

VALERE.

Et Marine ne t'a point dit la cauſe de ſon refroidiſſement.

SCAPIN.

Non Monſieur.

VALERE.

Quoy tu n'as pû penetrer.

SCAPIN.

Oh Monſieur, Marine eſt une fille im-penetrable.

VALERE.

Que je ſuis malheureux.

SCAPIN.

Elle m'a ſeulement donné une petite lettre qui vous expliquera peut-eſtre mieux la choſe.

VALERE.

Eh donne donc, maraut, donne donc.

Il lit.

Si vous m'aimez autant que je vous aime, nous ſommes les plus malheureuſes perſonnes du monde. M'a mere pretend me marier à un homme que je ne connois point. Détournez le malheur qui nous menace, & ſoyez cer-tain que je choiſiray plutoſt la mort, que d'eſtre jamais à d'autres qu'à vous.

Scapin!

SCAPIN.

SCAPIN.

Monſieur.

VALERE.

Que dis-tu de cette lettre-là ?

SCAPIN.

Je dis , Monſieur, que ce n'eſt pas là une lettre de change.

VALERE.

Et je me laiſſeray enlever Leonore ? non, non Scapin , à quelque prix que ce ſoit il faut empeſcher...

SCAPIN.

Monſieur, le Ciel m'a donné des talens merveilleux pour faire des mariages ; & je puis dire, ſans vanité, qu'il n'y a guere de jour qu'il ne m'en paſſe quelqu'un par les mains. J'en ay meſme ébauché plus de mille en ma vie qui n'ont jamais eſté achevez ; mais j'aime trop la propagation de l'eſpece pour avoir le courage d'en rompre aucun.

VALERE.

Que tu fais mal-à-propos le mauvais plaiſant. Il faut...

SCAPIN.

Paix , voicy voſtre pere, le vilain uſurier qui nous vendit ſi cher l'argent l'année paſſée eſt avec luy.

VALERE.

Vient il luy demander ce que je luy
dois.

SCAPIN.

Il seroit mal adressé, écoutons.

SCENE V.

**Mr GRIFON, Mr MATHIEU, VALERE,
SCAPIN.**

Mr GRIFON.

JE vous donnay il y a huit jours un sac
de mille francs à faire valoir dont j'ay
vostre billet Monsieur Mathieu.

Mr MATHIEU.

Cela est vray Monsieur Grifon.

SCAPIN.

Le bon homme negocie avec les usuriers
aussi bien que nous, mais ce n'est pas de
la mesme maniere.

Mr GRIFON.

Nous sommes convenus à trois mille
huit cens livres, ce sont encore deux cens
Louis qu'il faut vous donner pour le colier Monsieur Mathieu.

Mr MATHIEU.

Ouy Monfieur Grifon.

SCAPIN.

Cela nous accommoderoit bien.

VALERE.

Paix, tay toy.

Mr GRIFON.

Paſſez tantoſt chez moy, ou envoyez-y
quelqu'un de voſtre part, avec un billet
de voſtre main, cela ſuffira ; c'eſt de l'argent comptant Monſieur Mathieu.

Mr MATHIEU.

Je n'en ſuis point en peine, & je vous
laiſſe le colier Monſieur Grifon.

SCAPIN.

Un colier de trois mille huit cens livres,
le friant morceau.

SCENE VI.

Mr GRIFON, VALERE, SCAPIN.

Mr GRIFON.

AH vous voila, mon fils, que faites-
vous la ? y a-t'il long-temps que
vous y eſtes.

VALERE.

Je ne fais que d'arriver.

Mr GRIFON.

Qui est cet homme là?

VALERE.

C'est mon pere...

Mr GRIFON.

Quoy! c'est,

VALERE.

Un Musicien de l'Opera.

Mr GRIFON.

Mauvaise connoissance qu'un Musicien de l'Opera, ils meinent les gens au cabaret, & il faut toujours payer pour eux.

SCAPIN.

Dequoy diantre vous avisez-vous de me faire Musicien? j'aimerois mieux estre toute autre chose.

VALERE.

Tay toy.

Mr GRIFON.

O ça mon fils j'ay une nouvelle à vous apprendre, la presence du Musicien ne gâtera rien, & peut-estre pourra-t'il nous estre utile.

SCAPIN.

Vostre imagination m'a fait Musicien par hazard, vous verrez qu'il faudra que je le devienne par necessité.

Mr GRIFON.

Je vais me marier.

VALERE.

Vous marier, vous mon pere.

Mr GRIFON.

Moy-mesme en propre personne.

SCAPIN.

Je ne m'attendois pas à celuy-là.

Mr GRIFON.

Que dit Monsieur le Musicien.

SCAPIN.

Je ne puis que vous loüer Monsieur, de former une entreprise si hardie. Vous avez eu le bon-heur d'enterrer une premiere femme, vous hazardez d'en prendre une seconde, le peril ne vous rebute point, cela est fier, cela est grand, cela est heroï-que ; & pour ma part, je n'ay garde de manquer d'aplaudir à une resolution aussi genereuse que la vostre.

Mr GRIFON.

Voila un joly garçon.

VALERE.

Ce que j'en ay dit, mon pere, n'est que par l'interest que je prens à vostre santé.

Mr GRIFON.

Ne t'en mets point en peine, ce sont mes affaires.

SCAPIN.

Ouy Monſieur , que Monſieur voſtre
pere vous donne ſeulement une belle-mere
bien faite, belle, jeune, & laiſſez-le faire
vous ſerez ravy qu'il ſe ſoit remarié ſur
ma parole.

Mr GRIFON.

Oh je ſuis ſeur qu'il en ſera content.
C'eſt une fille à qui il ne manque rien. Ce
que je voudrois de vous maintenant Monſieur de l'Opera, ce ſeroit que vous m'ai-
daſſiez à donner une petite Serenade à ma
Maîtreſſe.

SCAPIN.

Une Serenade, dites-vous. Vous ne pou-
vez mieux vous adreſſer qu'à moy. Muſi-
que Italienne, Françoiſe, je ſuis un homme à deux mains.

Mr GRIFON.

Tout de bon.

SCAPIN.

Demandez à Monſieur voſtre fils. Je
ſuis le premier homme du monde pour les
Serenades , il m'en doit encore deux ou
trois.

VALERE.

Ouy mon pere.

SCAPIN.

Ce n'eſt pas pour me vanter, mais en

cas de Chanteurs simphonistes, Violistes,
Theorbistes, Clavessinistes, Operas, Operateurs, Operatrices, Madelonistes, Catinistes, Margotistes si difficiles qu'elles
soient, j'ay tout cela dans ma manche.

Mr GRIFON.

Je voudrois une Serenade à bon marché.

SCAPIN.

Je ménageray vostre bourse, ne vous
mettez pas en peine. Il ne nous faudra
que trente-six Violons, vingt Haut-bois,
douze Basses, six Trompetes, vingt-quatre Tambours, cinq Orgues, & un Flageolet.

Mr GRIFON.

Eh fy donc, voila pour donner une Serenade à tout un Royaume.

SCAPIN.

Pour les voix nous prendrons seulement
douze basses, huit concordants, six basses tailles, autant de quintes, quatre hautes contres, huit faussets & douze dessus,
moitié entiers & moitié hongres.

Mr GRIFON.

Vous nommez-là dequoy faire un regiment de Musique.

SCAPIN.

Il ne faut pas moins de voix pour ac-

compagner tous les inftrumens. Laiffez-
nous faire, je veux qu'il y ait dans cette
Mufique là une efpece dé petit charivary,
qui conviendra merveilleufement bien au
fujet. Nous allons Monfieur voftre fils &
moy donner maintenant les ordres pour...

Mr GRIFON.

Attendez, on doit m'amener ma Maîtreffe, je fuis bien aife que vous la voyez,
& que vous m'en difiez vôtre fentiment
l'un & l'autre.

SCAPIN.

Prenez la belle & jeune an moins, fur
tout d'humeur complaifante, tous vos
amis vous confeilleront la mefme chofe.

VALERE.

Allons nous-en, je me meurs d'inquietude.

SCENE VII.

Mr GRIFON, VALERE, SCAPIN,
Mad. ARGANTE, LEONORE.

Mr GRIFON.

NE vous avois-je pas bien dit qu'on
devoit l'amener. Voila la mere & la
fille de chambre.

VALERE.

Que vois-je Scapin, c'est Leonore.

SCAPIN.

Autre incident.

Mad. ARGANTE.

Allons, ma fille, approchez, & saluez
le mary que je vous ay destiné.

LEONORE.

Quoy, Madame, voila la personne...

Mad. ARGANTE.

Qu'avez-vous donc, Mademoiselle, est-
ce que Monsieur ne vous plaist pas?

LEONORE.

Je ne dis pas cela Madame, & je n'auray
jamais d'autres volontez que les vôtres.

VALERE.

Scapin elle obeït à sa mere, je suis
perdu.

MARINE.

Il y a de l'erreur de calcul.

Mad. ARGANTE.

Je suis ravy, ma fille, de vous voir des
sentimens raisonnables, & j'ay toujours
bien jugé que vous ne voudriez pas me
desobeïr.

LEONORE.

Vous desobeïr, moy? j'aimerois mieux
mourir que de faire quelque chose qui
vous déplut.

Mr GRIFON.
Voila une fille bien née , n'eft-il pas vray.

SCAPIN.
Il y a icy du qui pro quo, fur ma parole.

LEONORE.
Tout ce que j'ay à me reprocher, Madame, c'eft que mon obeïſſance ait ſi peu de merite en cette occaſion , & les choſes ſont dans un état à me permétre d'avoüer, ſans honte , que voſtre choix & mon inclination ont un parfait raport enſemble.

Mr GRIFON.
Comme elle m'aime déja, cela n'eft pas croyable.

LEONORE.
Mais j'ay lieu de me plaindre, eſt-ce à moy de parler comme je fais , quand vous eſtes ſi peu ſenſible, Valere, aux bontez que ma mere a pour nous.

Mad. ARGANTE.
Comment donc Valere, a qui en avez-vous.

Mr GRIFON.
Qu'eſt-ce que cela ſignifie.

SCAPIN.
Nous aprochons du dénoument.

Mad. ARGANTE.

Que voulez-vous dire avec voftre Valere.

LEONORE.

Ne m'avez-vous pas dit, Madame, que
vous aviez conclu mon mariage.

Mad. ARGANTE.

Qu'a de commun Valere avec voftre
mariage? c'eft à Monfieur Grifon que
voila que je vous marie.

Mr GRIFON.

Ouy mignonne, c'eft moy qui auray
l'honneur que de...

LEONORE.

Vous Monfieur?

Mad. ARGANTE.

Je voudrois bien, pour voir, que vous
ne le trouvaffiez pas bon.

Mr GRIFON.

Monfieur mon fils, par quelle avanture
eft-il mention de vous dans tout cecy.

VALERE.

Par une avanture fort naturelle mon
pere.

Mr GRIFON.

Comment une avanture fort naturelle.

MARINE.

Ouy Monfieur, Mademoifelle eft fille,
Monfieur eft garçon, elle eft aimable, il

eſt joly homme, ils ont fait connoiſſance, ils s'aiment, ils ſont dans le gouſt de s'é-pouſer ? y a-t'il rien là que de fort na-turel.

SCAPIN.

Il n'eſt point queſtion de la nature là de-dans, c'eſt la raiſon & l'intereſt qui font aujourd'huy les mariages, Monſieur eſt le pere, Madame eſt la mere ; la raiſon eſt de leur coſté, la nature eſt une ſotte, & vous auſſi ma mie.

Mad. ARGANTE.

Il a raiſon.

LEONORE.

Quoy à l'âge que j'ay, ma mere, vous voudriez me faire épouſer un homme comme Monſieur, vous n'y ſongez pas.

VALERE.

Quoy à l'âge que vous avez, mon pere, vous voudriez vous marier à une fille comme Mademoiſelle, je croy que vous reſvez.

LEONORE.

En verité, ma mere, vous eſtes trop rai-ſonnable pour exiger de moy une choſe auſſi éloignée de bon ſens.

VALERE.

Serieuſement parlant, mon pere, vous n'eſtes point d'âge encore à radoter.

Mad. ARGANTE.

Mad. ARGANTE.

Ouais, & où sommes-nous donc, allons
petite ridicule, qu'on donne tout-à-l'heure la main à Monsieur.

VALERE.

Non pas, Madame, s'il vous plaist.

Mr GRIFON.

Qu'est-ce à dire ?

VALERE.

Avec vostre permission, mon pere, cela
ne sera pas, je vous assure.

Mr GRIFON.

Cela ne sera pas. Que dites-vous à cela,
Monsieur le Musicien.

SCAPIN.

Vous avez là un grand garçon bien mal
moriginé Monsieur.

Mr GRIFON.

Pendart.

VALERE.

Que diroit-on dans le monde, si en ma
presence je vous laissois faire une action
aussi extravagante que celle-là.

Mr GRIFON.

Quoy donc extravagante , comment
donc ? à t'on pere malheureux.

MARINE.

A vostre pere !

SCAPIN.

A voſtre propre pere.

VALERE.

Quand il ſeroit mon pere cent fois plus qu'il ne l'eſt encor, je ne ſouffriray point que l'amour luy faſſe tourner la cervelle juſqu'à ce point là.

Mr GRIFON.

Mais quelle Comedie joüons-nous donc icy, je vous demande pardon pour mon fils, Madame.

Mad. ARGANTE.

Cela n'eſt rien, j'ay bien des excuſes à vous faire pour ma fille, Monſieur.

MARINE.

Voila des enfans bien obſtinez ; mais auſſi pourquoy vous expoſer à vous marier, ſans ſçavoir ſi Monſieur voſtre fils le voudra bien.

Mr GRIFON.

S'il le voudra bien.

SCAPIN,

Monſieur , avec trois ou quatre cent piſtoles , ne pourrions-nous point le mettre à la raiſon.

Mr GRIFON.

Je l'y mettray bien ſans cela.

Mad. ARGANTE.

Et moy je vous répons de cette petite

impertinente-là, elle vous épousera, où
je la mettray dans un lieu d'où elle ne sor-
tira de long-temps.

LEONORE
J'y demeureray plutôt toute ma vie, que
d'épouser un homme que je n'aime point.

Mr GRIFON.
Elle s'en va Madame.

Mad. ARGANTE.
Ne vous mettez pas en peine, je sçauray
la reduire, elle sera voftre femme aujour-
d'huy, où vous mourrez de mort fubite.

Mr GRIFON.
De mort fubite. Voila à quoy vous m'ex-
pofez Monfieur le coquin. Laiffe moy faire, je veux l'époufer à ta barbe, je m'en
vais dépenfer tout mon bien pour m'en
faire aimer, je luy donneray des prefens,
des bijoux, des maifons, des contrats, des
cadeaux, des feftins, des Serenades. Des
Serenades Monfieur le Muficien ; & je luy
feray des enfans pour te faire enrager.

SCAPIN.
Oh pour celuy-là on vous en défie.

SCENE VIII.

VALERE, SCAPIN.

VALERE.

NOn, Scapin, il n'y a point d'ex-
tremité où je ne me porte pour em-
pefcher ce mariage là.

SCAPIN.

Doucement, Monfieur, nous abaifferons
fes fumées d'amour. Il ne la tient pas encor, j'ay pris le foin d'une Serenade, il
vient de negocier un certain colier, laiffez-
moy faire; mais le diable eft que nous n'a-
vons point d'argent.

VALERE.

Ah mon pauvre Scapin cherche, imagi-
ne, invente des moyens pour en trouver,
engage tout, vend tout, donne tout.

SCAPIN.

Hé que diable engager, que vendre?
pour tout meuble & immeuble vous n'a-
vez que voftre habit & le mien, encor le
Tailleur n'eft-il pas payé.

VALERE.

Quoy tu ne peux trouver.

SCAPIN.

Depuis que je travaille pour vous, les reſ-
ſors de mon eſprit emprunteur ſont diablement uſez...

VALERE.

Mais quoy...

SCAPIN.

Laiſſez-moy un peu réver tout ſeul. J'ay
ma Serenade en teſte, ſi je pouvois avoir
ſeulement dequoy payer les Muſiciens
dont je me veux ſervir.

VALERE.

A quoy bon...

SCAPIN.

J'ay beſoin de me recueillir, vous dis-je,
laiſſez-moy en repos, & allez fortifier
Leonore dans le deſſein de ne point épouſer voſtre pere.

VALERE.

Il faut vouloir tout ce qu'il veut, j'ay
beſoin de luy.

SCENE IX.

SCAPIN.

CE n'eſt pas une petite affaire pour un
valet d'honneur d'avoir à ſoûtenir les
intereſts d'un Maître qui n'a point d'ar-

gent. On s'acoquine à servir ces gredins-
là , je ne sçay pourquoy, ils ne payent
point de gages , ils querellent , ils roſſent
quelquefois ; on a plus d'eſprit qu'eux , on
les fait vivre, il faut avoir la peine d'in-
venter mille fourberies dont ils ne ſont
tout au plus que de moitié , & avec tout
cela nous ſommes les valets , & ils ſont les
Maîtres. Cela n'eſt pas juſte. Je pretens à
l'avenir travailler pour mon compte ; cecy
finy , je veux devenir Maître à mon tour ;
mais que vois-je ?

SCENE X.

CHAMPAGNE, SCAPIN.

CHAMPAGNE.

HE' c'eſt toy mon pauvre Scapin.
SCAPIN.
Le beau Champagne en ce païs cy.
CHAMPAGNE.
Il y a ſix mois que je ſuis revenu , mais
je ne me montre que depuis quinze jours.

SCAPIN.

Pourquoy donc ?

CHAMPAGNE.

Par une efpece de fcrupule, une lettre de cachet du Châtelet m'avoit deffendu de paroiftre à la Ville, elle me prefcrivoit un temps poar voyager, mes voyages font finis, je reparois fur nouveaux frais.

SCAPIN.

Et que fais-tu à prefent ? Je t'ay veu autrefois le plus adroit grifon, & foit dit entre nous, le plus hardy coquin qu'il y euft en France.

CHAMPAGNE.

J'ay quitté tout cela mon amy. La Juftice aujourd'huy à l'efprit fi mal tourné, il n'y a plus rien à faire dans le commerce. Elle prend toujours les chofes du mauvais cofté, j'ay renoncé aux vanitez du monde, & je me fuis jetté dans la reforme.

SCAPIN.

Toy dans la reforme.

CHAMPAGNE.

Ouy mon enfant. Il faut faire une fin. Je me fuis retiré, je prefte fur gages.

SCAPIN.

La retraite eft meritoire.

CHAMPAGNE.

Ma foy il n'y a plus que ce métier là pour faire quelque chose, il n'y a rien de tel, quand on a de l'argent d'en aider des particuliers dans leurs necessitez prestantes.

SCAPIN.

Voila un motif fort charitable.

CHAMPAGNE.

Je me suis associé d'un fort honneste homme, qui est, je pense, luy, associé d'un autre fort honneste homme chez qui il m'envoye prendre deux mille huit cens livres.

SCAPIN.

Deux mille huit cens livres. Serions-nous assez heureux... Cela seroit admirable, tu es associé avec Monsieur Mathieu?

CHAMPAGNE.

Avec Monsieur Mathieu; mais je suis un peu subalterne à la verité. Nous demeurons ensemble, il me loge fort haut, me meuble modestement, m'habille chaudement pour l'Eté, fraîchement pour l'Hyver, me nourrit sobrement, ne me donne point de gages, mais ce que je prens c'est pour moy.

SCAPIN.

Voila une bonne condition. Et dis-moy,

es-tu toujours aussi yvrongne qu'avant ta lettre de cachet.

CHAMPAGNE.

Je bois beaucoup de vin, mais je ne l'aime pas.

SCAPIN.

Tu vas donc recevoir deux mille huit cens livres.

CHAMPAGNE.

Deux mille huit cens livres.

SCAPIN.

Chez Monsieur Grifon.

CHAMPAGNE.

C'est le nom de nostre associé. Qui te l'a dit?

SCAPIN.

Pour le surplus d'un colier que Monsieur Mathieu luy a vendu.

CHAMPA NE.

Je l'ay ouy dire ainsi.

SCAPIN.

Et tu as un billet de Monsieur Mathieu. pour marque que tu ne viens pas à faux.

CHAMPAGNE.

Cela est comme tu le dis. Voila le billet. Hé d'où diantre sçais-tu tout cela?

SCAPIN.

Je suis l'associé du fils de Monsieur Grifon, moy.

CHAMPAGNE.

Quoy tu te mesles aussi...

SCAPIN.

Nous ne sommes associez que pour emprunter nous autres ; le connois-tu Monsieur Grifon.

CHAMPAGNE.

Non.

SCAPIN.

Te connoist-il ?

CHAMPAGNE.

Je ne crois pas.

SCAPIN.

Tant mieux. Monsieur Grifon n'est pas au logis, & en attendant qu'il vienne nous pouvons aller renouveller connoissance au Cabaret.

CHAMPAGNE.

De tout mon cœur, je ne refuse point des parties d'honneur.

SCAPIN.

Morbleu j'enrage. Voila un homme à qui j'ay affaire, mais ce ne sera que pour un moment. Va-t'en m'attendre icy prés aux Barreaux verts, & faire tirer bouteille. Voila un fripon que je friponneray sur ma parole, si je puis seulement attraper le billet.

SCENE XI.

Mr GRIFON , MARINE , SCAPIN.

MARINE.

JE vous dis, Monſieur, que vous aurez
plus de peine que vous ne penſez à reduire cet eſprit là.

SCAPIN.

Ah , Monſieur , je vous cherchois pour
vous dire que dans peu voſtre Serenade
ſera en état.

Mr GRIFON.

Bon. Voila ma maiſon, & voila celle de
ma Maîtreſſe.

SCAPIN.

Tant mieux, cela eſt fort commode pour
mon deſſein.

Mr GRIFON.

Tu dis donc, Marine, que tu viens de la
part de Leonore.

MARINE.

Ouy , Monſieur , pour vous faire des
excuſes de ce qui s'eſt paſſé à voſtre en-
treveuë.

Mr GRIFON.

Elle revient à elle, j'en suis bien aise.

MARINE.

Elle est au desespoir de n'avoir pû se contraindre devant Madame sa mere; mais elle dit qu'elle vous hait trop pour se faire la moindre violence.

Mr GRIFON.

Voila un fort sot compliment. Je n'ay que faire de ces excuses là.

MARINE.

Elle sçait trop bien vivre pour manquer à la civilité; elle m'a aussi chargé de vous prier de ne point presser Madame sa mere sur vostre mariage, & de luy donner du temps pour s'accoûtumer à une figure aussi extraordinaire que la vostre.

Mr GRIFON.

Vous estes une impertinente ma mie, & je ne sçay...

MARINE.

Je vous demande pardon, Monsieur, je vous respecte trop pour vous rien dire de mon chef qui vous déplaise. Ce sont les sentimens de ma Maîtresse que je vous explique le plus clairement & le plus succinment qu'il m'est possible.

Mr GRIFON.

Je ne veux point sçavoir ses sentimens

tant

tant qu'elle en aura d'auſſi ridicules.

MARINE.

Il ne tiendra pas à moy qu'elle ne change, & quelque averſion qu'elle ait pour
vous, elle ne laiſſera pas de vous épouſer
ſi elle m'en veut croire. Vous n'avez que
voſtre âge, voſtre air, & voſtre viſage
contre vous dans le fond, je gagerois
que vous avez les meilleures manieres du
monde.

Mr GRIFON.

Voila une inſolente qui a mon nez me
vient chanter poüille.

MARINE.

C'eſt voſtre phiſionomie lugubre qui l'a
d'abord effarouchée, elle en reviendra
peut-eſtre, & vous aimera à la folie, que
ſçait-on. Vous ne ſeriez pas le premier
magot qui auroit épouſé une jolie fille.

Mr GRIFON.

Malgré tout ce qu'elle me dit, je ne veux
point me fâcher, elle peut me rendre ſervice. Tu me parois d'agreable humeur.

MARINE.

Je ſuis aſſez franche, comme vous voyez.

Mr GRIFON.

C'eſt ce qui me ſemble. Je veux eſtre de
tes amis, & ſi le mariage ſe fait, ne te mets
pas en peine : dis-moy un peu en confiden-

D

ce quelle sorte de caractere est-ce que Leonore, & que faudroit-il que je fisse pour luy plaire.

MARINE.

Vous n'avez qu'à mourir, Monsieur, c'est le plus grand plaisir que vous luy puissiez faire.

Mr GRIFON.

Ce n'est pas là ce que je te demande. De quelle humeur est-elle?

MARINE.

Ah! de l'humeur du monde la plus douce. Je ne luy connois qu'un petit défaut.

Mr GRIFON.

Quel est-il.

MARINE.

C'est, Monsieur, que quand elle s'est mis quelque chose en teste, & qu'on s'avise de la contredire. elle crie, elle peste, elle jure, elle bat, elle mord, elle égratigne, elle estropie mesme en cas de besoin; mais dans le fond c'est une bonne enfant.

Mr GRIFON.

Voila une humeur bien douce vrayment, & avec cela n'a-t'elle point quelque passion dominante.

MARINE.

Non, Monsieur, rien ne la domine, elle a du goust pour toutes les belles manieres

elle vend pour joüer tout ce qu'elle a, elle
met ses nipes en gages pour aller à l'Opera & à la Comedie, elle court le Bal sept
fois la semaine seulement, elle fesse son
vin de Champagne à merveille, & sur la
fin du repas elle devient fort tendre.

Mr GRIFON.

Tu crois donc qu'elle pourra m'aimer.

MARINE.

Ouy, Monsieur, sur la fin d'un repas, &
je vais luy faire entendre que pour un mary vous valez cent fois mieux qu'un autre.

Mr GRIFON.

Cela est vray au moins.

MARINE.

Assurément dans ce siecle-cy, quand un
mary laisse faire à sa femme tout ce qu'elle
veut, c'est un homme adorable, on ne
peut pas luy demander autre chose.

Mr GRIFON.

Ah, mon enfant, tu peux l'assurer de ma
part que si jamais elle est ma femme, je ne
la contraindray jamais en la moindre ba-
gatelle.

MARINE.

Commencez donc par ne point trop presser les affaires. Je vay luy proposer vos
conventions ; & comme il n'y a rien dans
ces articles là qui repugne à la coutume, je

ne doute point qu'elle ne les accepte.

Mr GRIFON.

Cette fille là a quelque chose de bon dans ses manieres. Ah, ah, voila une plaisante figure d'homme.

SCENE XII.

Mr GRIFON, SCAPIN *déguisé, une emplastre sur l'œil.*

SCAPIN.

NE pourriez-vous point, Monsieur, me faire le plaisir & l'honneur de m'enseigner le logis de Monsieur Grifon.

Mr GRIFON.

Que luy voulez-vous à Monsieur Grifon.

SCAPIN.

Avoir l'avantage de luy rendre un petit billet que Mr Mathieu m'a fait l'honneur de me donner, afin que ledit Sieur Grifon me fasse la grace de me compter deux mille huit cens livres restant à payer pour un colier que ledit Sieur Grifon a acheté dudit Sieur Mathieu.

Mr GRIFON.

C'est moy qui suis Monsieur Grifon, & où est le billet ?

SCAPIN.

Le voila Monſieur, je ne viens qu'a bon-
nes enſeignes. Vous aurez, s'il vous plaiſt,
la bonté de m'expedier.

Mr GRIFON.

Ouy, voila l'écriture de Monſieur Mathieu, mais je ne vous connois pas pour
eſtre à luy.

SCAPIN.

C'eſt une gloire que je ne merite pas
Monſieur, je ſuis ſeulement ſon compere,
Iſaac, Jerôme, Boiſme, Rouſſelet,
Maiſtre Marchand Fripier ordinaire privi-
legié ſuivant la Cour. Si l'on peut vous y
rendre quelque ſervice, vous n'avez qu'à
diſpoſer de voſtre petit ſerviteur.

Mr GRIFON.

Je vous ſuis obligé.

SCAPIN.

J'ay des amis en ce païs-là, mon frere
eſt aprentif partiſan chez le Commis du
Secretaire de l'Intendant d'un homme
d'affaire, & mon oncle eſt le Sous-portier
de l'hoſtel des Fermes.

Mr GRIFON.

Ces amis-là ſont quelquefois plus utiles
que d'autres.

SCAPIN.

Il eſt vray, Monſieur, j'ay autrefois par

leur moyen tiré mon parain des galeres, &
je fauvay l'année paffée une amande hono-
rable à Monfieur Mathieu ; c'eft ce qui
fait qu'il a beaucoup de confiance en moy.

Mr GRIFON.

Voila un garçon bien ingenu, c'eft dom-
mage qu'il luy manque un œil.

SCAPIN.

J'abufe de voftre loifir Monfieur ; mais
ce n'eft pas ma faute, avec deux mille huit
cens livres vous ferez débaraffé de mes im-
portunitez, & je prendray congé de vous
quand il vous plaira.

Mr GRIFON.

Quel original ! ouy, ouy, je vay vous apor-
ter de l'argent, vous n'avez qu'à attendre.

SCENE XIII.

SCAPIN, VALERE, LEONORE, MARINE.

SCAPIN.

PAr ma foy voila qui ne va pas mal; mais
voicy mon Maiftre avec fa Maiftreffe, il
ne me reconnoiftra pas.

LEONORE.

Contez, Valere, que rien ne me peut faire
changer.

VALERE.

Ah, charmante Leonore, que vous devez me paroiſtre adorable avec de pareils ſentimens.

SCAPIN.

Monſieur je vous donne le bon jour. Y a-t'il long-temps que vous eſtes en cette Ville? Vos affaires vont-elles bien, comment gouvernez-vous la joye avec cet aimable enfant?

VALERE.

Que me veut cet yvrogne-là? qui eſtes-vous mon amy?

SCAPIN.

Je ſuis un honneſte garçon, qui connois vos beſoins, & qui viens vous offrir deux cens piſtoles que me va donner Monſieur voſtre pere.

VALERE. *Scapin autant ſon amplâtre.*

C'eſt toy Scapin, qui t'auroit reconnu.

SCAPIN.

Vous voyez, Monſieur, ce qu'on fait pour vous.

MARINE.

Par ma ſoy voila un méchant borgne.

VALERE.

Et tu as trouvé le moyen de tirer deux cens piſtoles de mon pere?

SCAPIN.

Il va me les livrer. J'ay encore un colier à escarmoter, mais j'aurois besoin tout-à-l'heure de quelques gens de main.

VALERE.

Tout-à-l'heure, & où veux-tu que je les cherche à present.

MARINE.

Monsieur je suis à vostre service. Pour la main je l'ay aussi bonne que la langue.

SCAPIN.

Toy ? mais serois-tu fille à travailler de nuit.

MARINE.

Pourquoy non ? c'est dans ce temps-là que je triomphe. J'ay deux ou trois filles de mes amies qui ne m'abandonneront pas dans le besoin.

SCAPIN.

Bon, bon, il ne me faut pas de plus vaillans champions pour mon dessein. Mais j'entens Monsieur Grifon, allez m'atendre au prochain détour, je vous diray dans un moment ce qu'il faudra faire.

SCENE XIV.

Mr GRIFON, SCAPIN. *Scapin remettant son emplastre sur l'autre œil, voyant Monsieur Grifon arriver.*

Mr GRIFON.

IL y a deux cens louys neufs dans cette bourse, voyons si je ne me suis point trompé.

SCAPIN.

Vous estes trop exact, & vous sçavez trop bien compter.

Mr GRIFON.

Il n'importe, Monsieur, pour plus grande seureté.

SCAPIN.

Je ne regarderay point aprés vous, Monsieur le compere Mathieu me l'a deffendu.

Mr GRIFON.

Vous estes le maistre, serviteur.

SCAPIN.

Voila dequoy payer la Serenade.

SCENE XV.

Mr GRIFON *seul.*

Onsieur Mathieu ne laisse point moisir l'argent entre les mains de ceux qui luy doivent. Je luy devois, me voila quitte. Je ne sçay ce que cela signifie, mais je n'ay point bonne opinion de mon mariage. Moy qui n'ay jamais rien aimé, je m'avise de devenir amoureux à mon âge. O amour, amour. La nuit devient obscure, & le Musicien devroit estre icy.

SCENE XVI.

Mr GRIFON, CHAMPAGNE *yure.*

CHAMPAGNE.

Era, lera, lera.

Mr GRIFON.

J'entends quelqu'un qui chante, seroit-ce luy ?

CHAMPAGNE.

Palasambleu je suis bien nourry. Ce Monsieur Scapin fait bien les choses, ouy.

Mr GRIFON.

Qui va la, eſt-ce vous Monſieur le Mu-
ſicien.

CHAMPAGNE.

Ouy à peu prés, c'eſt un yvrogne.

Mr GRIFON.

Paſſey voſtre chemin mon amy.

CHAMPAGNE.

Que je paſſe mon chemin.

Mr GRIFON.

Ouy.

CHAMPAGNE.

Ouy qui le pourroit.

Mr GRIFON.

Quel maraut eſt-ce icy.

CHAMPAGNE.

Maraut, voila quelqu'un qui me con-
noiſt, je ſuis plus peſant que de coutume,
& je ne ſçay ſi mes jambes pourront porter au logis tout le vin que j'ay bû.

Mr GRIFON.

Ne ſeroit-ce point quelque emiſſaire de
mon coquin de fils qui viendroit icy pour
troubler la feſte, je veux m'en éclaircir.

CHAMPAGNE.

Hola l'amy, qui parlez tout ſeul, ſuis-je
loin de chez moy, par paranthèſe.

Mr GRIFON.

Où loges-tu?

CHAMPAGNE.

Hé parſambleu ſi je le ſçavois, je ne le
demanderois pas.

Mr GRIFON.

Que cherches-tu dans ce quartier.

CHAMPAGNE.

Je ne ſçay, je ne m'en ſouviens pas. J,
ſuis pourtant venu pour quelque choſe. Ah
Monſieur Grifon, le connoiſſez.vous?

Mr GRIFON.

Je ne me trompois pas, c'eſt un fripon.

CHAMPAGNE.

Juſtement; un fripon, un vilain, un feſſe
Mathieu.

Mr GRIFON.

A qui penſes-tu parler? C'eſt moy qui
ſuis Monſieur Grifon.

CHAMPAGNE.

Le diable emporte ſi je l'aurois deviné.
Or donc pour revenir à nos moutons, Monſieur Mathieu, cet autre vilain, ce ladre.

Mr GRIFON.

Ce pendart-là me fera perdre patience.

CHAMPAGNE.

Patience; ouy c'eſt bien dit, allons doucement : ce Monſieur Mathieu donc, comme de vilain à vilain il n'y a que la main,
il eſt arrivé que par la concomitance d'un
colier ; enfin je ne me ſouviens pas bien de
tout cela.　　　　　　　　　　Mr GRIFON.